Die Erfindung
der politischen Parteien
Lobby, Macht und Gefüge

Eine Betrachtung

von

Lutz Spilker

DIE ERFINDUNG DER PARTEIEN – LOBBY, MACHT UND GEFÜGE

Bibliografische Information der Deutschen Nationalbibliothek:
Die Deutsche Nationalbibliothek verzeichnet diese Publikation in der Deutschen Nationalbiblio-
grafie; detaillierte bibliografische Daten sind im Internet über http://dnb.dnb.de abrufbar.

Softcover ISBN: 978-3-384-20160-7
Ebook ISBN: 978-3-384-20161-4

Druck und Distribution im Auftrag des Autors:
tredition GmbH, An der Strusbek 10, 22926 Ahrensburg, Germany

Die im Buch verwendeten Grafiken entsprechen den
Nutzungsbestimmungen der Creative-Commons-Lizenzen (CC).

Inhalt

INHALT 5

VORWORT 13

DIE ENTSTEHUNG POLITISCHER PARTEIEN: EINE HISTORISCHE
EINORDNUNG 15

    DIE GEBURTSSTUNDE MODERNER PARTEIEN: ENGLAND IM 17. JAHRHUNDERT
    15

    DIE INDUSTRIALISIERUNG UND IHRE AUSWIRKUNGEN 16

    DIE DEFINITION POLITISCHER PARTEIEN 16

    DIE ZIELSETZUNG DIESES BUCHES 16

    EIN AUSBLICK 17

DIE FRÜHPHASE: DIE WURZELN POLITISCHER ORGANISATIONEN 18

    DIE POLITISCHEN FRAKTIONEN IM ENGLAND DES 17. JAHRHUNDERTS 18

    DIE ENTSTEHUNG POLITISCHER CLUBS UND GESELLSCHAFTEN 19

    DIE ROLLE DER AUFKLÄRUNG UND DES LIBERALISMUS 19

    DIE VIELFALT POLITISCHER BEWEGUNGEN 19

    ZUSAMMENFASSUNG 20

DIE ROLLE VON POLITISCHEN PARTEIEN IN DER FRANZÖSISCHEN
REVOLUTION 21

    DER ZUSAMMENBRUCH DES ANCIEN RÉGIME 21

    DIE ENTSTEHUNG POLITISCHER LAGER 21

    MACHTKÄMPFE UND HINTERGRÜNDE 22

    EINFLUSS AUF POLITISCHE VERÄNDERUNGEN 22

    ZUSAMMENFASSUNG 23

19. JAHRHUNDERT: KONSOLIDIERUNG UND EXPANSION 24

DIE VERFESTIGUNG DES PARTEIENSYSTEMS 24

NEUE IDEOLOGIEN UND POLITISCHE STRÖMUNGEN 24

DIE HERAUSBILDUNG POLITISCHER LAGER 25

DIE AUSWIRKUNGEN AUF DIE GESELLSCHAFT 25

ZUSAMMENFASSUNG 26

DIE AUSWIRKUNGEN DER INDUSTRIALISIERUNG AUF POLITISCHE

PARTEIEN **27**

DIE TRANSFORMATION DER GESELLSCHAFT 27

DIE ENTSTEHUNG NEUER SOZIALER KLASSEN 27

DIE POLITISCHE REAKTION DER PARTEIEN 28

DIE HERAUSFORDERUNGEN DER MODERNISIERUNG 28

ZUSAMMENFASSUNG 29

POLITISCHE PARTEIEN IM 20. JAHRHUNDERT: WELTKRIEGE UND

IDEOLOGIEN **30**

PARTEIEN IM ERSTEN WELTKRIEG 30

IDEOLOGISCHER WANDEL NACH DEM ERSTEN WELTKRIEG 30

PARTEIEN IM ZWEITEN WELTKRIEG 31

IDEOLOGISCHER WANDEL NACH DEM ZWEITEN WELTKRIEG 31

ZUSAMMENFASSUNG 32

DER KALTE KRIEG UND DIE POLARISIERUNG DER PARTEIEN **33**

DIE AUSWIRKUNGEN DES KALTEN KRIEGES 33

IDEOLOGISCHE SPALTUNGEN UND KONFLIKTE 33

DIE ROLLE DER SUPERMÄCHTE 34

DIE NACHWIRKUNGEN DES KALTEN KRIEGES 34

ZUSAMMENFASSUNG 35

DIE ROLLE VON POLITISCHEN PARTEIEN IN DER GLOBALISIERUNG

.... **36**

ANPASSUNGEN AN DIE GLOBALISIERUNG 36

INTERNATIONALE VERNETZUNG POLITISCHER PARTEIEN........................... 36

HERAUSFORDERUNGEN UND CHANCEN... 37

EINFLUSS DER GLOBALISIERUNG AUF DIE POLITISCHE KULTUR 37

ZUSAMMENFASSUNG 38

MACHTSTRUKTUREN UND ENTSCHEIDUNGSTRÄGER: WER ZIEHT DIE FÄDEN? 39

DIE ROLLE EINFLUSSREICHER AKTEURE.. 39

LOBBYISMUS UND SEINE MECHANISMEN... 39

DIE VERBINDUNG ZU POLITISCHEN ENTSCHEIDUNGEN............................ 40

TRANSPARENZ UND DEMOKRATISCHE KONTROLLE................................. 40

ZUSAMMENFASSUNG 41

DIE NOTWENDIGKEIT POLITISCHER PARTEIEN: ANALYSE UND KRITIK 42

DIE ROLLE POLITISCHER PARTEIEN.. 42

ARGUMENTE FÜR DIE EXISTENZ VON PARTEIEN................................... 42

KRITISCHE PERSPEKTIVEN 43

ALTERNATIVE ANSÄTZE.. 43

ZUSAMMENFASSUNG 44

PARTEILOSE STADT- UND LANDESVÄTER: EIN BEWEIS FÜR DIE ÜBERFLÜSSIGKEIT VON PARTEIEN?... 45

DER AUFSTIEG PARTEILOSER POLITIKER.. 45

ANALYSEN PARTEILOSER POLITIKER 46

DIE ROLLE PARTEILOSER POLITIKER IN DER POLITIK............................... 46

DIE DEBATTE ÜBER DIE ÜBERFLÜSSIGKEIT VON PARTEIEN 46

ZUSAMMENFASSUNG 47

TRANSPARENZ IN DER POLITIK: HERAUSFORDERUNGEN UND LÖSUNGSANSÄTZE... 48

DIE BEDEUTUNG VON TRANSPARENZ... 48

PROBLEME DER TRANSPARENZ IM POLITISCHEN SYSTEM 48

MÖGLICHE SCHRITTE ZUR VERBESSERUNG 49

HERAUSFORDERUNGEN BEI DER UMSETZUNG 49

ZUSAMMENFASSUNG...50

DER EINFLUSS VON GELDMITTELN AUF DIE POLITIK 51

DIE BEDEUTUNG VON GELDMITTELN IN DER POLITIK 51

AUSWIRKUNGEN AUF ENTSCHEIDUNGSPROZESSE....................................51

DIE ROLLE VON LOBBYISMUS UND INTERESSENVERBÄNDEN 52

REGULIERUNG UND TRANSPARENZ 52

ZUSAMMENFASSUNG...53

PARTEIEN UND SOUVERÄNITÄT: EINE KRITISCHE BETRACHTUNG 54

DIE SOUVERÄNITÄT UND IHRE BEDEUTUNG 54

PARTEIEN ALS VERMITTLER DER SOUVERÄNITÄT 54

HERAUSFORDERUNGEN FÜR DIE SOUVERÄNITÄT DURCH PARTEIEN.............55

LEGITIMITÄT UND DEMOKRATIEVERSTÄNDNIS.....................................55

ZUSAMMENFASSUNG...55

**DIE ZUKUNFT POLITISCHER PARTEIEN: REFORMEN UND
PERSPEKTIVEN 56**

DIE SICH WANDELNDE POLITISCHE LANDSCHAFT 56

REFORMANSÄTZE ZUR STÄRKUNG DER PARTIZIPATION............................56

MODERNISIERUNG UND DIGITALISIERUNG 57

ÜBERDENKEN DER IDEOLOGIE UND POLITIKVERMITTLUNG 57

HERAUSFORDERUNGEN UND CHANCEN 57

EIN AUSBLICK...58

**DIE HERAUSFORDERUNGEN DER MODERNEN POLITISCHEN
PARTEIENLANDSCHAFT 59**

EINE REISE DURCH DIE GESCHICHTE 59

DIE ROLLE VON PARTEIEN HEUTE 59

HERAUSFORDERUNGEN UND KRITIKPUNKTE 60

EIN AUSBLICK AUF DIE ZUKUNFT.. 60

DIE BEDEUTUNG DES ENGAGEMENTS 60

ZUSAMMENFASSUNG 61

DIE DIGITALISIERUNG UND POLITISCHE PARTEIEN: NEUE HERAUSFORDERUNGEN UND CHANCEN 62

EINE NEUE ÄRA DER POLITISCHEN KOMMUNIKATION 62

DIE ROLLE VON SOZIALEN MEDIEN... 63

HERAUSFORDERUNGEN UND RISIKEN 63

DIE BEDEUTUNG VON DATENSCHUTZ UND SICHERHEIT 63

DIE ZUKUNFT.. 64

ZUSAMMENFASSUNG 64

IDENTITÄTSPOLITIK UND DIE FRAGMENTIERUNG DER PARTEIENLANDSCHAFT... 65

DIE BEDEUTUNG VON IDENTITÄTSPOLITIK... 65

FRAGMENTIERUNG ENTLANG SOZIALER, KULTURELLER UND ETHNISCHER LINIEN
.... 65

AUSWIRKUNGEN AUF POLITISCHE STRATEGIEN UND ALLIANZEN 66

DIE ROLLE DER MEDIEN UND DER ÖFFENTLICHEN MEINUNG 66

HERAUSFORDERUNGEN UND CHANCEN... 67

ZUSAMMENFASSUNG 67

UMWELTSCHUTZ UND NACHHALTIGKEIT ALS NEUE POLITISCHE LEITPRINZIPIEN 68

DIE HERAUSFORDERUNGEN DES UMWELTSCHUTZES.............................. 68

DIE ENTSTEHUNG GRÜNER BEWEGUNGEN.. 68

DIE ROLLE GRÜNER PARTEIEN IN DER PARTEIENLANDSCHAFT................... 69

POLITISCHE REAKTIONEN AUF ÖKOLOGISCHE HERAUSFORDERUNGEN 69

DIE INTEGRATION VON UMWELTSCHUTZ IN POLITISCHE PROGRAMME........ 69

ZUSAMMENFASSUNG 70

DIE INTERNATIONALEN BEZIEHUNGEN UND IHRE AUSWIRKUNGEN AUF DIE PARTEIPOLITIK 71

DIE VERFLECHTUNG NATIONALER UND INTERNATIONALER ANGELEGENHEITEN 71

GLOBALISIERUNG ALS TREIBER VON VERÄNDERUNGEN 71

DIE ROLLE VON GEOPOLITISCHEN ENTWICKLUNGEN 72

INTERNATIONALE BÜNDNISSE UND PARTNERSCHAFTEN 72

DIE HERAUSFORDERUNG DER SOUVERÄNITÄT 72

SCHLUSSGEDANKEN 73

ÜBER DEN AUTOR 74

IN DIESER REIHE SIND BISHER ERSCHIENEN 75

Ein großer Staat regiert sich nicht nach Parteiansichten.

Otto von Bismarck

Otto Eduard Leopold von Bismarck-Schönhausen, ab 1865 Graf von Bismarck-Schönhausen, ab 1871 Fürst von Bismarck, ab 1890 auch Herzog zu Lauenburg (* 1. April 1815 in Schönhausen (Elbe); † 30. Juli 1898 in Friedrichsruh bei Aumühle), war ein deutscher Politiker und Staatsmann. Von 1862 bis 1890 – mit einer kurzen Unterbrechung im Jahr 1873 – war er in Preußen Ministerpräsident, von 1867 bis 1871 zugleich Bundeskanzler des Norddeutschen Bundes. Von 1871 bis 1890 war er erster Reichskanzler des Deutschen Reiches, dessen Gründung er maßgeblich vorangetrieben hatte. Bismarck gilt als Vollender der deutschen Einigung und als Begründer des Sozialstaates der Moderne.

Vorwort

Die Erfindung der politischen Parteien ist ein faszinierendes Kapitel in der Geschichte menschlicher Organisation und politischer Interessenvertretung.

Der Weg von den frühen Anfängen bis zur komplexen Parteienlandschaft unserer Zeit spiegelt nicht nur den Wandel politischer Systeme wider, sondern auch die Evolution menschlicher sozialer Strukturen. In diesem Sachbuch nehmen wir eine tiefgehende und umfassende Betrachtung vor, um die Ursprünge, Entwicklungen und Herausforderungen im Kontext der politischen Parteien zu verstehen.

Die ›Whig Party‹, als Pionierin im Bereich der politischen Organisation, markiert den Ausgangspunkt unserer Reise. Im Jahr 1678 gegründet, trug sie dazu bei, den Begriff ›Partei‹ mit politischer Bedeutung zu füllen. Trotz einer damals anders gearteten Bedeutung des Terminus formten die ›Whigs‹ eine politische Gruppierung mit gemeinsamen Zielen und legten somit den Grundstein für das, was wir heute als politische Partei kennen.

Die Entwicklung dieses Konzepts spiegelt nicht nur historische Veränderungen wider, sondern zeugt auch von der Dynamik menschlicher Gesellschaften. Die deutsche Parteienlandschaft, als exemplarisches Beispiel, umfasst derzeit eine beeindruckende Vielfalt von mehr als 40 Parteien (Stand: 2022). Im

Bundestag manifestiert sich diese Vielfalt in sechs Fraktionen (aktuell fünf), die die unterschiedlichen Seiten politischer Ideen repräsentieren.

Doch wie kam es zu dieser Vielzahl politischer Akteure, und welche Rolle spielen sie in der heutigen Gesellschaft? Welche Herausforderungen prägen die Struktur und Funktionsweise politischer Parteien in der gegenwärtigen Ära? Diese Fragen bilden den Kern unseres Untersuchungsgegenstands.

In den kommenden Kapiteln werden wir uns mit den historischen Meilensteinen, den politischen Ideologien, den organisatorischen Herausforderungen und den Auswirkungen auf die demokratischen Prozesse auseinandersetzen. Dabei streben wir an, einen wissenschaftlich fundierten, jedoch allgemeinverständlichen Zugang zu bieten, um das komplexe Geflecht der politischen Parteien für Leserinnen und Leser transparent zu machen.

Die Erfindung der politischen Parteien ist somit nicht nur eine historische Darstellung, sondern eine Analyse, die das Verständnis für die Grundpfeiler unserer politischen Welt vertieft. Durch diese Reise durch die Geschichte und Gegenwart der politischen Parteien hoffen wir, ein umfassendes Bild zu zeichnen und damit zu einem tieferen Verständnis des menschlichen Zusammenspiels im politischen Kontext beizutragen.

Die Entstehung politischer Parteien: Eine Historische Einordnung

In den Wirren der Geschichte, inmitten politischer Umbrüche und gesellschaftlicher Veränderungen, sind politische Parteien als ein zentrales Merkmal moderner Demokratien hervorgegangen. Doch ihre Entstehungsgeschichte ist weitreichend und vielschichtig, geprägt von unterschiedlichen Ideologien, Machtkämpfen und dem Ringen um politische Repräsentation.

Die Frühen Anfänge: Vorläufer politischer Organisationen
Bereits in der Antike und im Mittelalter finden sich Ansätze von politischen Organisationen und Gruppierungen, die bestimmte Interessen und Positionen repräsentierten. Ob es die aristokratischen Parteien im alten Rom oder die Gildestrukturen im Mittelalter waren, diese frühen Vorläufer legten den Grundstein für das Konzept politischer Parteien, wie wir es heute kennen.

Die Geburtsstunde moderner Parteien: England im 17. Jahrhundert

Ein wichtiger Meilenstein in der Entwicklung politischer Parteien war das Entstehen von politischen Fraktionen im England des 17. Jahrhunderts. Hier formierten sich erstmals klar abgegrenzte politische Lager, die verschiedene politische Visionen und Interessen vertraten. Die politischen Konflikte dieser Zeit, insbesondere zwischen den Whigs und den Tories, legten den Grundstein für das moderne Parteiensystem.

Die Industrialisierung und ihre Auswirkungen

Mit dem Aufkommen der Industrialisierung im 19. Jahrhundert veränderte sich nicht nur die wirtschaftliche und soziale Struktur der Gesellschaft, sondern auch das politische Gefüge. Die Herausbildung neuer Klassen und Interessengruppen führte zu einer Fragmentierung der politischen Landschaft und zur Entstehung verschiedener politischer Strömungen und Ideologien.

Die Definition politischer Parteien

Was genau ist eine politische Partei? Im Kern handelt es sich um eine Organisation, die sich zum Ziel gesetzt hat, politische Macht zu erringen und politische Entscheidungen zu beeinflussen. Sie vertritt bestimmte politische Ideen und Ziele, mobilisiert Wählerinnen und Wähler und organisiert sich intern, um politische Ziele zu erreichen.

Die Zielsetzung dieses Buches

Angesichts der historischen Entwicklung und der Bedeutung politischer Parteien für moderne Gesellschaften ist es Ziel dieses Buches, einen umfassenden Einblick in die Entstehung, Entwicklung und Rolle politischer Parteien zu bieten. Dabei werden nicht nur historische Zusammenhänge beleuchtet, sondern auch aktuelle Herausforderungen und Debatten rund um das Thema politische Parteien diskutiert.

Mit einem Fokus auf Transparenz, Vielfalt und kritischem Denken soll dieses Buch dazu beitragen, ein tieferes Verständnis für die Funktionsweise politischer Parteien zu schaffen und die Leserinnen und Leser zu ermutigen, sich aktiv an politischen Prozessen zu beteiligen und eine informierte Bürgerschaft zu werden.

Ein Ausblick

In den folgenden Kapiteln werden wir uns eingehend mit verschiedenen Aspekten politischer Parteien beschäftigen, von ihrer Rolle in historischen Ereignissen bis hin zu aktuellen Herausforderungen und Reformansätzen. Dabei steht stets die Frage im Mittelpunkt: Wie können politische Parteien dazu beitragen, eine gerechte, inklusive und demokratische Gesellschaft zu gestalten?

Die Frühphase: Die Wurzeln politischer Organisationen

Die Entstehung politischer Parteien lässt sich bis in die frühe Neuzeit zurückverfolgen, als politische Landschaften von Umbrüchen und konfessionellen Spannungen geprägt waren. In dieser turbulenten Zeit begannen sich die ersten Ansätze von politischen Organisationen zu formen, die unterschiedliche politische Interessen und Ideen repräsentierten.

Die politischen Fraktionen im England des 17. Jahrhunderts

Ein entscheidender Moment in der Entwicklung politischer Parteien war das Aufkommen politischer Fraktionen im England des 17. Jahrhunderts. Während der Stuart-Dynastie spaltete sich das politische Spektrum in zwei Lager: Die Whigs, die für die Rechte des Parlaments und eine protestantische Monarchie eintraten, und die Tories, die die Stärkung der königlichen Autorität und die konservativen Werte unterstützten. Diese ersten politischen Fraktionen legten den Grundstein für das moderne Parteiensystem.

Die Entstehung politischer Clubs und Gesellschaften

Parallel zu den politischen Fraktionen bildeten sich im 17. und 18. Jahrhundert politische Clubs und Gesellschaften, in denen politische Diskussionen geführt und politische Ideen verbreitet wurden. Diese Clubs dienten als Treffpunkt für politisch interessierte Bürgerinnen und Bürger, die sich über aktuelle Ereignisse austauschten und politische Reformen diskutierten.

Die Rolle der Aufklärung und des Liberalismus

Die Aufklärung und die Verbreitung liberaler Ideen spielten eine entscheidende Rolle bei der Entstehung politischer Parteien. Die Forderung nach individuellen Freiheitsrechten, demokratischen Prinzipien und der Gewaltenteilung prägte das politische Denken des 18. Jahrhunderts und trug zur Formierung politischer Bewegungen bei, die für politische Reformen und eine Einschränkung der königlichen Macht eintraten.

Die Vielfalt politischer Bewegungen

Es ist wichtig zu betonen, dass politische Organisationen in der Frühphase keine homogene Gruppe waren, sondern vielmehr eine Vielfalt von politischen Strömungen und Ideen repräsentierten. Neben den etablierten Fraktionen und Clubs gab es auch radikalere Gruppierungen, die für eine umfassende politische Umgestaltung eintraten und oft auf revolutionäre Mittel zurückgriffen.

Zusammenfassung

Die Frühphase der politischen Parteienbildung war geprägt von politischen Experimenten, ideologischen Auseinandersetzungen und dem Streben nach politischer Repräsentation und Teilhabe. Obwohl die politischen Organisationen dieser Zeit noch weit von den modernen Parteien entfernt waren, legten sie doch den Grundstein für das politische System, das wir heute kennen. In den folgenden Kapiteln werden wir uns näher mit der weiteren Entwicklung politischer Parteien befassen und ihre Rolle in der Geschichte und Gegenwart genauer untersuchen.

Die Rolle von politischen Parteien in der Französischen Revolution

Die Französische Revolution war eine der bedeutendsten politischen Umwälzungen in der Geschichte Europas und hatte weitreichende Auswirkungen auf die politische Landschaft nicht nur in Frankreich, sondern auch in ganz Europa. Inmitten dieses revolutionären Chaos spielten politische Parteien eine entscheidende Rolle, indem sie politische Veränderungen vorantrieben, Machtkämpfe austrugen und die Hintergründe der Revolution prägten.

Der Zusammenbruch des Ancien Régime

Zu Beginn des 18. Jahrhunderts war Frankreich von einem absolutistischen Monarchen und einer privilegierten Aristokratie regiert worden, die das Ancien Régime repräsentierten. Doch die wirtschaftlichen, sozialen und politischen Missstände, darunter hohe Steuern, ungleiche Rechte und Hungersnöte, führten zu einer wachsenden Unzufriedenheit in der Bevölkerung und legten den Grundstein für die Revolution.

Die Entstehung politischer Lager

Im Laufe der Revolution formierten sich verschiedene politische Lager, die unterschiedliche politische Visionen und Ziele verfolgten. Zu den bekanntesten gehörten die Girondisten, die für eine gemäßigte Republik und eine föderalistische Regierung eintraten, und die Jakobiner, die für eine radikale Republik und eine zentralisierte Regierung kämpften. Diese politischen Parteien spielten eine entscheidende Rolle bei der Gestaltung der politischen Agenda und der Durchsetzung ihrer Ideen.

Machtkämpfe und Hintergründe

Die politischen Machtkämpfe während der Französischen Revolution waren geprägt von Intrigen, Verrat und Gewalt. Insbesondere die Auseinandersetzungen zwischen den Girondisten und den Jakobinern führten zu blutigen Konflikten und politischen Säuberungen. Die Hinrichtung von König Ludwig XVI., die Herrschaft des Wohlfahrtsausschusses unter der Führung von Maximilien de Robespierre und der Terror waren nur einige der tragischen Ereignisse, die die Revolution kennzeichneten.

Einfluss auf politische Veränderungen

Die Französische Revolution hatte einen tiefgreifenden Einfluss auf politische Veränderungen nicht nur in Frankreich, sondern auch in ganz Europa. Sie markierte das Ende des Ancien Régime und den Aufstieg der modernen Republik. Die Ideale der Freiheit, Gleichheit und Brüderlichkeit, die während der Revolution propagiert wurden, inspirierten politische Bewegungen auf der ganzen Welt und prägten die politische Landschaft des 19. und 20. Jahrhunderts.

Zusammenfassung

Die Französische Revolution war ein entscheidendes Kapitel in der Geschichte politischer Parteien und ihrer Rolle bei politischen Veränderungen. Sie demonstrierte die Macht politischer Organisationen, die Vielschichtigkeit politischer Ideologien und die Tragödie politischer Machtkämpfe. In den folgenden Kapiteln werden wir uns weiter mit der Entwicklung politischer Parteien befassen und ihre Rolle in anderen historischen Ereignissen und politischen Umwälzungen untersuchen.

19. Jahrhundert: Konsolidierung und Expansion

Das 19. Jahrhundert war eine Zeit des Wandels und der politischen Umwälzungen, geprägt von der Verfestigung des Parteiensystems und dem Aufkommen neuer Ideologien und politischer Strömungen. In diesem Kapitel werden wir die Entwicklung politischer Parteien in dieser turbulenten Ära genauer betrachten und die verschiedenen Kräfte analysieren, die das politische Geschehen beeinflussten.

Die Verfestigung des Parteiensystems

Im Laufe des 19. Jahrhunderts festigte sich das Parteiensystem in vielen Ländern Europas und Amerikas. Politische Parteien wurden zu festen Größen im politischen Leben und übernahmen wichtige Funktionen wie die Vertretung von Interessen, die Mobilisierung von Wählern und die Formulierung politischer Programme. Insbesondere in Ländern wie Großbritannien, den USA, Deutschland und Frankreich etablierten sich mehrere bedeutende politische Parteien, die das politische Geschehen maßgeblich prägten.

Neue Ideologien und politische Strömungen

Das 19. Jahrhundert war auch eine Zeit des Aufkommens neuer Ideologien und politischer Strömungen. Der Liberalismus, der Sozialismus, der Konservatismus und andere politische Ideen gewannen an Einfluss und formten die politische Landschaft. Die Industrialisierung, soziale Ungleichheit und politische Reformen waren wichtige Treiber dieser neuen Ideen, die oft kontrovers diskutiert und politisch umgesetzt wurden.

Die Herausbildung politischer Lager

Mit der Verfestigung des Parteiensystems und dem Aufkommen neuer Ideologien bildeten sich politische Lager und Fraktionen, die um politische Macht und Einfluss kämpften. Die Konservativen und Liberalen, die Sozialisten und Konservativen, die Nationalisten und Internationalisten - sie alle prägten das politische Geschehen und trugen zur Vielfalt politischer Meinungen und Positionen bei.

Die Auswirkungen auf die Gesellschaft

Die Verfestigung des Parteiensystems und das Aufkommen neuer Ideologien hatten weitreichende Auswirkungen auf die Gesellschaft. Politische Parteien wurden zu wichtigen Akteuren im politischen Prozess und spielten eine zentrale Rolle bei der Gestaltung politischer Entscheidungen und der Durchsetzung politischer Reformen. Gleichzeitig führten politische Konflikte und ideologische Auseinandersetzungen zu Spannungen und Polarisierungen in der Gesellschaft.

Zusammenfassung

Das 19. Jahrhundert war eine entscheidende Phase in der Entwicklung politischer Parteien und des Parteiensystems. Die Verfestigung politischer Strukturen, das Aufkommen neuer Ideologien und die Bildung politischer Lager prägten das politische Geschehen und legten die Grundlage für das moderne Parteiensystem. In den folgenden Kapiteln werden wir uns weiter mit der Entwicklung politischer Parteien befassen und ihre Rolle in anderen historischen Ereignissen und politischen Umwälzungen untersuchen.

Die Auswirkungen der Industrialisierung auf politische Parteien

Die Industrialisierung des 19. Jahrhunderts war eine der prägendsten Entwicklungen der modernen Geschichte und hatte weitreichende Auswirkungen auf alle Bereiche des gesellschaftlichen Lebens, einschließlich der Politik. In diesem Kapitel werden wir die Veränderungen in der Gesellschaft durch die Industrialisierung und die Reaktionen der politischen Parteien darauf genauer untersuchen.

Die Transformation der Gesellschaft

Die Industrialisierung brachte eine radikale Veränderung der gesellschaftlichen Strukturen mit sich. Der Übergang von agrarischen zu industriellen Gesellschaften führte zu einem massiven Bevölkerungswachstum in den Städten, einer Verlagerung von Arbeitsplätzen in Fabriken und eine Veränderung der Lebens- und Arbeitsbedingungen für Millionen von Menschen. Diese tiefgreifenden Veränderungen formten das soziale Gefüge und die Lebensrealitäten der Menschen und beeinflussten auch ihre politischen Einstellungen und Überzeugungen.

Die Entstehung neuer sozialer Klassen

Eine der bedeutendsten Auswirkungen der Industrialisierung war die Entstehung neuer sozialer Klassen. Die Aufteilung der

Gesellschaft in Kapitalisten und Arbeiter, in Bourgeoisie und Proletariat, prägte das politische Bewusstsein und führte zu einer verstärkten politischen Organisation und Mobilisierung der Arbeiterklasse. Gewerkschaften, soziale Bewegungen und politische Parteien entstanden, um die Interessen der Arbeiter zu vertreten und für politische Reformen zu kämpfen.

Die politische Reaktion der Parteien

Die politischen Parteien reagierten unterschiedlich auf die Herausforderungen und Chancen, die die Industrialisierung mit sich brachte. Während konservative Parteien oft versuchten, die alten gesellschaftlichen Strukturen zu bewahren und die Interessen der traditionellen Eliten zu verteidigen, setzten liberale und sozialistische Parteien sich für politische Reformen ein, die auf soziale Gerechtigkeit, Chancengleichheit und Demokratie abzielten. Diese ideologischen Unterschiede führten zu politischen Konflikten und Machtkämpfen, die die politische Landschaft prägten.

Die Herausforderungen der Modernisierung

Die Industrialisierung stellte die politischen Parteien vor neue Herausforderungen und zwang sie, sich den veränderten gesellschaftlichen Realitäten anzupassen. Die Notwendigkeit, auf die Bedürfnisse der neuen sozialen Klassen einzugehen, die Mobilisierung von Wählern in urbanen Zentren und die Entwicklung politischer Programme, die den wirtschaftlichen und sozialen Wandel berücksichtigten, waren zentrale Aufgaben für die politischen Parteien des 19. Jahrhunderts.

Zusammenfassung

Die Industrialisierung hatte tiefgreifende Auswirkungen auf die politischen Parteien und das Parteiensystem des 19. Jahrhunderts. Sie veränderte die gesellschaftlichen Strukturen, formte neue soziale Klassen und prägte die politischen Überzeugungen und Ideologien. Die Reaktionen der politischen Parteien auf diese Veränderungen waren vielfältig und führten zu politischen Konflikten und Reformen, die das politische Leben dieser Ära prägten. In den folgenden Kapiteln werden wir uns weiter mit der Entwicklung politischer Parteien befassen und ihre Rolle in anderen historischen Ereignissen und politischen Umwälzungen untersuchen.

Politische Parteien im 20. Jahrhundert: Weltkriege und Ideologien

Das 20. Jahrhundert war eine Epoche der Extreme, geprägt von zwei verheerenden Weltkriegen, politischen Umwälzungen und einem tiefgreifenden ideologischen Wandel. In diesem Kapitel werden wir die Rolle der politischen Parteien während dieser turbulenten Zeit untersuchen und ihren Einfluss auf die Weltkriege sowie den ideologischen Wandel und politische Entwicklungen genauer betrachten.

Parteien im Ersten Weltkrieg

Der Erste Weltkrieg markierte einen Wendepunkt in der Geschichte der politischen Parteien. In vielen Ländern traten die Parteien in den Dienst der Kriegsanstrengungen und unterstützten die Kriegsanleihepolitik ihrer Regierungen. Gleichzeitig führte der Krieg zu einer Polarisierung der politischen Landschaft, da die Kriegsgegner und -befürworter um die öffentliche Meinung und politische Macht kämpften.

Ideologischer Wandel nach dem Ersten Weltkrieg

Nach dem Ersten Weltkrieg kam es zu einem ideologischen Wandel, der die politische Landschaft nachhaltig prägte. Der Zusammenbruch alter Imperien, die Revolutionen in Russland und anderen Ländern sowie die wirtschaftlichen und sozialen

Folgen des Krieges führten zu einem Aufkommen neuer politischer Ideen und Bewegungen. Der Aufstieg des Kommunismus, des Faschismus und anderer totalitärer Ideologien veränderte das politische Denken und führte zu einer Radikalisierung vieler politischer Parteien.

Parteien im Zweiten Weltkrieg

Der Zweite Weltkrieg brachte erneut massive Veränderungen für die politischen Parteien mit sich. Viele Parteien traten in den Dienst der Kriegsanstrengungen und unterstützten die Regierungen in ihrem Kampf gegen die Achsenmächte. Gleichzeitig gab es jedoch auch Widerstandsbewegungen und Partisanengruppen, die sich gegen die Besatzungsmächte und die nationalsozialistischen Regime erhoben.

Ideologischer Wandel nach dem Zweiten Weltkrieg

Nach dem Zweiten Weltkrieg erlebte die Welt einen weiteren ideologischen Wandel, der die politische Landschaft nachhaltig prägte. Der Kalte Krieg zwischen den Supermächten USA und UdSSR führte zu einer Polarisierung der Welt in Ost und West und beeinflusste auch die politischen Parteien in vielen Ländern. Der Kampf zwischen Kapitalismus und Kommunismus prägte die politische Debatte und führte zu ideologischen Spannungen und Konflikten.

Zusammenfassung

Die Rolle der politischen Parteien im 20. Jahrhundert war von den Weltkriegen und dem ideologischen Wandel geprägt. Die Parteien spielten eine entscheidende Rolle in den Kriegsanstrengungen und politischen Entwicklungen ihrer Länder und wurden gleichzeitig von den politischen Umwälzungen dieser Zeit geprägt. In den folgenden Kapiteln werden wir uns weiter mit der Entwicklung politischer Parteien befassen und ihre Rolle in anderen historischen Ereignissen und politischen Umwälzungen untersuchen.

Der Kalte Krieg und die Polarisierung der Parteien

Der Kalte Krieg war eine Periode der politischen Spannungen und Konfrontationen zwischen den Supermächten USA und UdSSR, die die Weltordnung nach dem Zweiten Weltkrieg prägte. Diese geopolitische Konfrontation hatte auch erhebliche Auswirkungen auf die Parteienlandschaft vieler Länder und führte zu ideologischen Spaltungen sowie politischen Veränderungen.

Die Auswirkungen des Kalten Krieges

Der Kalte Krieg beeinflusste die politische Landschaft in vielerlei Hinsicht. Die ideologische Konfrontation zwischen Kapitalismus und Kommunismus führte zu einer Polarisierung der Parteienlandschaft, wobei sich viele Parteien entweder auf die Seite der USA oder der UdSSR stellten. Diese Spaltung führte zu politischen Spannungen, ideologischen Konflikten und der Bildung von Bündnissen und Allianzen auf internationaler Ebene.

Ideologische Spaltungen und Konflikte

Die ideologischen Spaltungen, die durch den Kalten Krieg verursacht wurden, fanden auch innerhalb der politischen Parteien statt. Viele Parteien waren gespalten zwischen Anhängern des Kapitalismus und des Kommunismus, die um die Kontrolle über die politische Agenda und die politische Macht kämpften. Diese ideologischen Konflikte führten oft zu internen Machtkämpfen, politischen Intrigen und öffentlichen Auseinandersetzungen.

Die Rolle der Supermächte

Die Supermächte des Kalten Krieges spielten eine entscheidende Rolle bei der Beeinflussung der Parteienlandschaft vieler Länder. Durch ihre politische, wirtschaftliche und militärische Unterstützung bestimmter Parteien und politischer Gruppierungen versuchten die USA und die UdSSR, ihre jeweiligen Interessen durchzusetzen und Einfluss auf die innenpolitischen Entwicklungen anderer Länder zu nehmen. Diese Einmischung führte oft zu Instabilität, Konflikten und politischer Gewalt.

Die Nachwirkungen des Kalten Krieges

Obwohl der Kalte Krieg offiziell mit dem Zusammenbruch der Sowjetunion im Jahr 1991 endete, sind seine Auswirkungen auf die Parteienlandschaft bis heute spürbar. Die ideologischen Spaltungen und Konflikte, die während des Kalten Krieges entstanden sind, haben das politische Bewusstsein vieler Menschen geprägt und die politische Kultur in vielen Ländern nachhaltig beeinflusst. Die Erinnerung an den Kalten Krieg und seine Folgen bleibt ein wichtiger Bestandteil des politischen Diskurses und der nationalen Identität vieler Länder.

Zusammenfassung

Der Kalte Krieg war eine entscheidende Periode in der Geschichte der politischen Parteien, geprägt von ideologischen Spaltungen, politischen Konflikten und internationalen Spannungen. Die Auswirkungen dieses geopolitischen Konflikts auf die Parteienlandschaft waren vielfältig und führten zu tiefgreifenden Veränderungen in der politischen Kultur vieler Länder. In den folgenden Kapiteln werden wir uns weiter mit der Entwicklung politischer Parteien befassen und ihre Rolle in anderen historischen Ereignissen und politischen Umwälzungen untersuchen.

Die Rolle von politischen Parteien in der Globalisierung

Die Globalisierung hat das politische Umfeld weltweit verändert und neue Herausforderungen für politische Parteien geschaffen. In diesem Kapitel werden wir uns mit den Anpassungen und Veränderungen befassen, die politische Parteien im Zeitalter der Globalisierung vornehmen mussten, sowie ihrer internationalen Vernetzung.

Anpassungen an die Globalisierung

Die Globalisierung hat die politische Landschaft geprägt, indem sie die Grenzen zwischen Staaten durchlässiger gemacht hat und den Austausch von Ideen, Kapital und Menschen erleichtert hat. Politische Parteien mussten sich an diese neuen Realitäten anpassen, indem sie ihre Politik und ihre Strategien entsprechend gestalteten. Themen wie internationale Handelsabkommen, Klimawandel und Migration rückten in den Vordergrund und erforderten eine globale Perspektive und Zusammenarbeit.

Internationale Vernetzung politischer Parteien

Im Zeitalter der Globalisierung sind politische Parteien zunehmend miteinander vernetzt und arbeiten über nationale Grenzen hinweg zusammen. Dies zeigt sich zum Beispiel in der

Bildung internationaler Parteienbündnisse und politischer Organisationen, die gemeinsame Ziele verfolgen und sich für grenzüberschreitende Probleme engagieren. Durch den Austausch von Ideen, Ressourcen und Strategien können politische Parteien ihre Einflussmöglichkeiten erweitern und globale Herausforderungen besser bewältigen.

Herausforderungen und Chancen

Die Globalisierung bringt jedoch auch Herausforderungen für politische Parteien mit sich. Die zunehmende Interdependenz der Weltwirtschaft und die Verflechtung internationaler Beziehungen erfordern eine koordinierte und kohärente Politikgestaltung auf globaler Ebene. Politische Parteien müssen sich daher mit Fragen der nationalen Souveränität und der Balance zwischen nationalen Interessen und internationaler Zusammenarbeit auseinandersetzen.

Einfluss der Globalisierung auf die politische Kultur

Die Globalisierung hat auch Auswirkungen auf die politische Kultur und das politische Bewusstsein der Bürger. Die zunehmende Vernetzung und Kommunikation ermöglicht es den Menschen, sich über nationale Grenzen hinweg zu organisieren und für gemeinsame Anliegen einzutreten. Dies hat zu einer verstärkten politischen Mobilisierung und Aktivismus geführt und die Rolle der Bürgergesellschaft gestärkt.

Zusammenfassung

Die Globalisierung hat das politische Umfeld grundlegend verändert und neue Herausforderungen für politische Parteien mit sich gebracht. Durch Anpassungen an die globalen Realitäten und eine verstärkte internationale Vernetzung können politische Parteien ihre Einflussmöglichkeiten erweitern und globale Probleme besser bewältigen. In den folgenden Kapiteln werden wir uns weiter mit der Entwicklung politischer Parteien befassen und ihre Rolle in anderen historischen Ereignissen und politischen Umwälzungen untersuchen.

Machtstrukturen und Entscheidungsträger:

Wer zieht die Fäden?

In den politischen Kulissen wirken oft unsichtbare Kräfte, die Einfluss auf politische Entscheidungen nehmen und die Richtung der Politik lenken. Dieses Kapitel beleuchtet die Machtstrukturen und Entscheidungsträger hinter den Kulissen, die die Fäden ziehen und maßgeblichen Einfluss auf politische Prozesse nehmen.

Die Rolle einflussreicher Akteure

Hinter den politischen Kulissen agieren eine Vielzahl von Akteuren, die auf unterschiedliche Weise Einfluss auf politische Entscheidungen nehmen. Dazu gehören nicht nur politische Parteien und Regierungen, sondern auch Wirtschaftsunternehmen, Interessenverbände, Lobbygruppen und Think Tanks. Diese Akteure verfolgen oft eigene Interessen und setzen sich für bestimmte politische Maßnahmen ein, die ihren Zielen dienen.

Lobbyismus und seine Mechanismen

Lobbyismus ist ein wichtiger Bestandteil des politischen Systems und bezeichnet die gezielte Einflussnahme von Interessengruppen auf politische Entscheidungen. Lobbyisten nutzen verschiedene Mechanismen, um ihren Einfluss geltend zu machen, darunter die direkte Kommunikation mit politischen Entscheidungsträgern, die Organisation von Lobbyveranstaltungen und die finanzielle Unterstützung von Parteien und Politikern.

Die Verbindung zu politischen Entscheidungen

Die Verbindung zwischen einflussreichen Akteuren und politischen Entscheidungen ist oft komplex und undurchsichtig. Politische Entscheidungsträger stehen unter Druck, die Interessen verschiedener Akteure zu berücksichtigen und Kompromisse zu finden, die oft nicht im öffentlichen Interesse liegen. Dies kann zu politischen Entscheidungen führen, die von den Wünschen und Bedürfnissen der Bevölkerung abweichen und stattdessen den Interessen von Lobbygruppen und Wirtschaftsunternehmen dienen.

Transparenz und demokratische Kontrolle

Angesichts der Macht und Einflussnahme von Lobbygruppen und Interessenverbänden ist es wichtig, Transparenz und demokratische Kontrolle sicherzustellen. Dies erfordert eine stärkere Regulierung von Lobbyismus und eine größere Offenlegung von Interessenkonflikten. Nur so kann gewährleistet werden, dass politische Entscheidungen im öffentlichen Interesse getroffen werden und nicht von den Interessen einflussreicher Akteure dominiert werden.

Zusammenfassung

Die Machtstrukturen und Entscheidungsträger hinter den politischen Kulissen spielen eine entscheidende Rolle bei der Gestaltung der Politik und der Richtung der Gesellschaft. Durch Lobbyismus und die gezielte Einflussnahme von Interessengruppen können politische Entscheidungen beeinflusst werden, oft auf Kosten des öffentlichen Interesses. In den folgenden Kapiteln werden wir uns weiter mit diesem Thema befassen und die Mechanismen und Auswirkungen von Lobbyismus genauer untersuchen.

Die Notwendigkeit politischer Parteien: Analyse und Kritik

Politische Parteien gelten als zentrale Akteure in modernen Demokratien, aber ihre Existenz und Rolle werden oft kontrovers diskutiert. In diesem Kapitel werden wir die Argumente für die Existenz von Parteien analysieren und kritisch betrachten, während wir alternative Ansätze und Perspektiven in Betracht ziehen.

Die Rolle politischer Parteien

Politische Parteien werden oft als unverzichtbare Institutionen angesehen, die die Grundlage für das Funktionieren der Demokratie bilden. Sie bieten den Bürgern eine Möglichkeit, politische Entscheidungen zu treffen und ihre Interessen zu vertreten. Durch die Organisation von Wahlen und die Teilnahme an politischen Prozessen tragen Parteien zur Stabilität und Legitimität des politischen Systems bei.

Argumente für die Existenz von Parteien

Befürworter argumentieren, dass politische Parteien notwendig sind, um die Vielfalt der Meinungen und Interessen in einer Gesellschaft zu repräsentieren und politische Entscheidungsprozesse zu erleichtern. Parteien bieten eine Plattform für politische Debatte und Diskussion, fördern die politische Teilhabe der Bürger und ermöglichen eine effektive Regierungsführung durch die Bildung von Regierungen und Oppositionen.

Kritische Perspektiven

Trotz ihrer Bedeutung werden politische Parteien oft kritisiert, insbesondere wegen ihrer Neigung zur Machtakkumulation, Korruption und Entfremdung von den Bürgern. Kritiker bemängeln auch, dass Parteien oft von engen Eliten kontrolliert werden und die Interessen der breiten Bevölkerung nicht ausreichend repräsentieren. Darüber hinaus wird die Parteipolitik oft von kurzfristigen politischen Überlegungen und Parteiinteressen geleitet, anstatt von langfristigen Lösungen für gesellschaftliche Probleme.

Alternative Ansätze

Angesichts dieser Kritikpunkte werden alternative Ansätze zur politischen Organisation und Entscheidungsfindung diskutiert. Dazu gehören direktdemokratische Modelle, bei denen die Bürger direkt an politischen Entscheidungen beteiligt sind, sowie neue Formen der politischen Partizipation und Organisation, die auf digitalen Technologien basieren. Diese Ansätze zielen darauf ab, die Transparenz, Rechenschaftspflicht und Bürgerbeteiligung in der Politik zu stärken und die Abhängigkeit von traditionellen Parteistrukturen zu verringern.

Zusammenfassung

Die Notwendigkeit politischer Parteien ist ein zentrales Thema in der politischen Theorie und Praxis. Während Parteien eine wichtige Rolle bei der Vertretung von Interessen und der Organisation politischer Prozesse spielen, sind sie auch Gegenstand von Kritik und Debatten über ihre Rolle und Funktion in modernen Demokratien. Durch die Analyse von Argumenten und alternativen Ansätzen können wir ein besseres Verständnis für die Bedeutung und Herausforderungen politischer Parteien gewinnen und mögliche Reformen und Veränderungen diskutieren.

Parteilose Stadt- und Landesväter: Ein Beweis für die Überflüssigkeit von Parteien?

In der politischen Landschaft gibt es vereinzelt Persönlichkeiten, die sich bewusst von politischen Parteien distanzieren und dennoch erfolgreich politische Ämter innehaben. Dieses Kapitel widmet sich der Diskussion über die Rolle parteiloser Politiker anhand von Beispielen und Analysen, um die Frage zu erörtern, ob Parteien tatsächlich überflüssig sind.

Der Aufstieg parteiloser Politiker

Beispiele wie unabhängige Bürgermeister oder parteilose Gouverneure zeigen, dass politische Parteien nicht immer eine zwingende Voraussetzung für politischen Erfolg sind. Diese Politiker haben oft eine starke persönliche Reputation und werden von den Wählern unabhängig von parteipolitischen Zugehörigkeiten unterstützt. Sie positionieren sich als unabhängige Stimmen, die über den Parteien stehen und sich ausschließlich für das Wohl ihrer Wähler einsetzen.

Analysen parteiloser Politiker

Die Analyse von parteilosen Politikern bietet interessante Einblicke in ihre Motivationen, Strategien und politischen Erfolge. Viele dieser Politiker betonen ihre Unabhängigkeit von politischen Parteien und setzen auf eine direkte Verbindung mit den Bürgern. Sie setzen auf Transparenz, Bürgernähe und eine pragmatische Herangehensweise an politische Probleme, die über ideologische Grenzen hinweggeht.

Die Rolle parteiloser Politiker in der Politik

Die Rolle parteiloser Politiker wird oft kontrovers diskutiert. Während ihre Unabhängigkeit und Bürgernähe als positiv angesehen werden, gibt es auch Bedenken hinsichtlich ihrer Effektivität und Legitimität. Einige Kritiker argumentieren, dass parteilose Politiker Schwierigkeiten haben könnten, politische Mehrheiten zu organisieren und langfristige politische Programme umzusetzen. Andere sehen sie jedoch als wichtige Korrektiv zur Parteipolitik und als Symbol für eine stärkere Beteiligung der Bürger an politischen Prozessen.

Die Debatte über die Überflüssigkeit von Parteien

Die Existenz parteiloser Politiker wirft die Frage auf, ob politische Parteien tatsächlich notwendig sind oder ob sie durch unabhängige Persönlichkeiten ersetzt werden könnten. Diese Debatte ist eng mit Fragen der Demokratie, Repräsentation und politischen Organisationsformen verbunden und wirft grundlegende Fragen über die Natur und Funktionsweise von politischen Institutionen auf.

Zusammenfassung

Die Diskussion über parteilose Politiker bietet interessante Einblicke in die Rolle und Bedeutung politischer Parteien in modernen Demokratien. Während parteilose Politiker eine alternative Form der politischen Repräsentation darstellen und die Unabhängigkeit von politischen Parteien betonen, bleibt die Frage nach der Notwendigkeit und Funktion von Parteien weiterhin relevant und kontrovers. Durch die Analyse von Beispielen und die Diskussion über die Rolle parteiloser Politiker können wir ein besseres Verständnis für die Vielfalt politischer Organisationsformen und ihre Auswirkungen auf das politische System gewinnen.

Transparenz in der Politik: Herausforderungen und Lösungsansätze

Die Transparenz in der Politik ist ein grundlegendes Prinzip einer funktionierenden Demokratie, das jedoch oft mit Herausforderungen konfrontiert ist. In diesem Kapitel werden wir uns mit den Problemen der Transparenz im politischen System befassen und mögliche Schritte zur Verbesserung diskutieren.

Die Bedeutung von Transparenz

Transparenz ist ein wesentliches Merkmal einer demokratischen Gesellschaft, da sie es den Bürgern ermöglicht, politische Prozesse zu verstehen, politische Entscheidungen nachzuvollziehen und die Handlungen ihrer gewählten Vertreter zu überwachen. Eine transparente Regierungsführung fördert das Vertrauen der Bürger in die politischen Institutionen und stärkt die Legitimität des politischen Systems.

Probleme der Transparenz im politischen System

Trotz ihrer Bedeutung gibt es viele Hindernisse für die Transparenz im politischen System. Dazu gehören undurchsichtige Entscheidungsprozesse, fehlende Offenlegung von Informationen, unzureichende Kontrolle und Überwachung politischer Akteure sowie die Beeinflussung politischer Entscheidungen durch Lobbygruppen und Interessenverbände.

Diese Probleme können zu einem Mangel an Vertrauen in die Regierungsführung führen und die demokratische Legitimität untergraben.

Mögliche Schritte zur Verbesserung

Um die Transparenz im politischen System zu verbessern, sind verschiedene Maßnahmen erforderlich. Dazu gehören die Stärkung der Informationsfreiheit und des Zugangs zu Regierungsinformationen, die Einführung strengerer Offenlegungspflichten für politische Akteure, die Förderung von Bürgerbeteiligung und öffentlicher Kontrolle sowie die Regulierung von Lobbyismus und Interessenvertretung. Darüber hinaus sind Mechanismen zur Überwachung und Durchsetzung dieser Transparenzmaßnahmen entscheidend, um sicherzustellen, dass sie wirksam umgesetzt werden.

Herausforderungen bei der Umsetzung

Die Umsetzung von Transparenzmaßnahmen im politischen System ist mit verschiedenen Herausforderungen verbunden, darunter politischer Widerstand, institutionelle Ineffizienz, undurchsichtige Entscheidungsprozesse und finanzielle Beschränkungen. Darüber hinaus können kulturelle und gesellschaftliche Faktoren die Effektivität von Transparenzinitiativen beeinträchtigen. Dennoch ist es wichtig, diese Herausforderungen zu überwinden und sich für eine transparentere und verantwortungsvollere Regierungsführung einzusetzen.

Zusammenfassung

Die Transparenz in der Politik ist ein grundlegendes Prinzip einer funktionierenden Demokratie, das jedoch oft mit Herausforderungen konfrontiert ist. Durch die Identifizierung von Problemen der Transparenz im politischen System und die Diskussion über mögliche Lösungsansätze können wir dazu beitragen, die Demokratie zu stärken und das Vertrauen der Bürger in die politischen Institutionen zu festigen.

Der Einfluss von Geldmitteln
auf die Politik

Die Rolle von Finanzierung in der Politik und ihre Auswirkungen auf Entscheidungsprozesse sind ein zentrales Thema, das die Funktionsweise demokratischer Systeme stark beeinflusst. In diesem Kapitel werden wir uns mit den verschiedenen Aspekten dieses Themas befassen und die Konsequenzen der finanziellen Einflussnahme auf politische Entscheidungen untersuchen.

Die Bedeutung von Geldmitteln in der Politik

Geldmittel spielen eine entscheidende Rolle in der politischen Landschaft, da sie es Kandidaten, Parteien und Interessengruppen ermöglichen, Kampagnen zu finanzieren, Lobbyarbeit zu betreiben und politische Entscheidungsträger zu unterstützen. Diese finanzielle Unterstützung kann die Agenda und die Prioritäten von Politikern beeinflussen und ihre Abhängigkeit von Geldgebern erhöhen.

Auswirkungen auf Entscheidungsprozesse

Die Auswirkungen von Geldmitteln auf politische Entscheidungsprozesse sind vielfältig und können sowohl direkte als auch indirekte Folgen haben. Direkte Auswirkungen umfassen die Unterstützung von Kandidaten und Parteien durch Spen-

den, die Einfluss auf politische Entscheidungen nehmen können. Indirekte Auswirkungen umfassen die Förderung bestimmter politischer Agenda durch Lobbyarbeit und Interessenvertretung, die oft von finanzkräftigen Organisationen be-
trieben wird.

Die Rolle von Lobbyismus und Interessenverbänden

Lobbyismus und Interessenverbände spielen eine Schlüssel-
rolle bei der Beeinflussung politischer Entscheidungen durch
finanzielle Mittel. Durch den Einsatz von Geldmitteln können
Lobbygruppen den politischen Prozess beeinflussen, Gesetzes-
vorlagen formen und politische Entscheidungsträger zu ihren
Gunsten beeinflussen. Diese Form der Einflussnahme kann
dazu führen, dass bestimmte Interessen über andere gestellt
werden und demokratische Prinzipien untergraben werden.

Regulierung und Transparenz

Um den Einfluss von Geldmitteln auf die Politik einzudäm-
men und die Integrität des politischen Prozesses zu wahren,
sind Regulierungsmaßnahmen und Transparenzmechanismen
erforderlich. Dies kann die Begrenzung von Spenden, die Offenlegung von Finanzierungsquellen und die Schaffung von
Kontrollmechanismen umfassen, um sicherzustellen, dass politische Entscheidungen im öffentlichen Interesse getroffen werden.

Zusammenfassung

Der Einfluss von Geldmitteln auf die Politik ist ein komplexes und kontroverses Thema, das die Funktionsweise demokratischer Systeme beeinflusst. Durch die Untersuchung der Rolle von Finanzierung in der Politik und die Diskussion über mögliche Regulierungs- und Transparenzmaßnahmen können wir dazu beitragen, die Integrität des politischen Prozesses zu wahren und die demokratische Legitimität zu stärken.

Parteien und Souveränität: Eine kritische Betrachtung

Parteien sind ein fester Bestandteil demokratischer Systeme, aber ihr Einfluss auf die Souveränität eines Staates und das Verständnis von Demokratie wirft wichtige Fragen auf. In diesem Kapitel werden wir uns mit der kritischen Betrachtung der Rolle von Parteien im Spannungsfeld der Souveränität befassen und ihre Auswirkungen auf die Legitimität und das Demokratieverständnis diskutieren.

Die Souveränität und ihre Bedeutung

Souveränität ist ein grundlegendes Konzept in der politischen Theorie, das die unabhängige und autonome Autorität eines Staates über sein Territorium und seine Bürger beschreibt. Sie ist eng mit dem demokratischen Prinzip der Volkssouveränität verbunden, das besagt, dass die legitime Macht von den Bürgern ausgeht.

Parteien als Vermittler der Souveränität

Parteien spielen eine entscheidende Rolle bei der Vermittlung der Souveränität des Volkes, da sie die Interessen und Vorstellungen der Bürger repräsentieren sollen. Durch Wahlen und politische Beteiligung geben die Bürger ihre Souveränität an die gewählten Vertreter weiter, die dann im Namen des Volkes handeln.

Herausforderungen für die Souveränität durch Parteien

Trotz ihrer Rolle als Vermittler der Souveränität können Parteien auch Herausforderungen für die Souveränität eines Staates darstellen. Dies kann durch Parteienherrschaft, politische Korruption, undurchsichtige Entscheidungsprozesse und die Dominanz bestimmter Interessengruppen geschehen, die die Souveränität des Volkes untergraben können.

Legitimität und Demokratieverständnis

Die Legitimität von Parteien als Vertreter der Souveränität hängt eng mit dem Demokratieverständnis zusammen. Parteien müssen das Vertrauen und die Unterstützung der Bürger genießen, um legitim zu sein, und sich an demokratische Prinzipien wie Rechenschaftspflicht, Transparenz und Bürgerbeteiligung halten. Ein Mangel an Legitimität kann die Stabilität des politischen Systems gefährden und das Vertrauen der Bürger in die Regierung untergraben.

Zusammenfassung

Die Rolle von Parteien im Spannungsfeld der Souveränität ist ein komplexes Thema, das wichtige Fragen über die Natur der Demokratie und die Legitimität politischer Institutionen aufwirft. Durch die kritische Betrachtung dieser Fragen können wir ein besseres Verständnis für die Herausforderungen und Möglichkeiten entwickeln, die sich aus der Rolle von Parteien in demokratischen Gesellschaften ergeben.

Die Zukunft politischer Parteien: Reformen und Perspektiven

Die politischen Parteien stehen vor einer Vielzahl von Herausforderungen und müssen sich angesichts gesellschaftlicher Veränderungen und neuer politischer Realitäten weiterentwickeln. In diesem Kapitel werden wir mögliche Veränderungen im Parteiensystem sowie Reformansätze und Diskussionen über die Zukunft politischer Parteien untersuchen.

Die sich wandelnde politische Landschaft

Die politische Landschaft hat sich in den letzten Jahrzehnten erheblich verändert, was auch Auswirkungen auf die Rolle und den Einfluss politischer Parteien hat. Globalisierung, technologische Innovationen, soziale Medien und sich ändernde demografische Trends haben das politische Umfeld verändert und neue Herausforderungen für Parteien geschaffen.

Reformansätze zur Stärkung der Partizipation

Eine mögliche Reformperspektive liegt in der Stärkung der politischen Partizipation und der Einbeziehung der Bürger in den politischen Prozess. Dies kann durch Maßnahmen wie die Einführung von Direktdemokratie, Bürgerbeteiligung an politischen Entscheidungen und die Förderung von Transparenz und Rechenschaftspflicht erreicht werden.

Modernisierung und Digitalisierung

Die Modernisierung und Digitalisierung des Parteiensystems ist ein weiterer Reformansatz, der darauf abzielt, Parteien agiler, effizienter und transparenter zu machen. Dies kann die Einführung digitaler Plattformen für politische Diskussionen und Entscheidungsfindung, die Nutzung von Big Data und künstlicher Intelligenz für Kampagnenstrategien sowie die Schaffung offenerer und inklusiverer Parteistrukturen umfassen.

Überdenken der Ideologie und Politikvermittlung

In einer sich schnell verändernden Welt müssen politische Parteien auch ihre Ideologien und Politikvermittlungsstrategien überdenken. Flexibilität, Pragmatismus und die Fähigkeit, auf sich ändernde Bedingungen und Anliegen der Bürger einzugehen, werden zunehmend wichtiger.

Herausforderungen und Chancen

Die Zukunft politischer Parteien ist mit einer Vielzahl von Herausforderungen, aber auch Chancen verbunden. Parteien müssen sich den veränderten Realitäten anpassen, um relevant zu bleiben und das Vertrauen der Bürger zu gewinnen. Dies erfordert Mut zu Veränderungen, Offenheit für Innovation und die Bereitschaft, traditionelle Denkmuster zu hinterfragen.

Ein Ausblick

Die Zukunft politischer Parteien hängt von ihrer Fähigkeit ab, sich an neue politische Realitäten anzupassen und innovative Lösungen für die aktuellen Herausforderungen zu finden. Indem sie Reformen vorantreiben, die Partizipation stärken und sich an moderne Technologien anpassen, können Parteien ihre Rolle als Vermittler zwischen Bürgern und politischer Macht stärken und die Demokratie weiterentwickeln.

Die Herausforderungen der modernen politischen Parteienlandschaft

Nach einer eingehenden Betrachtung der Geschichte, Entwicklung und aktuellen Lage politischer Parteien, ist es an der Zeit, die wichtigsten Erkenntnisse zusammenzufassen und einen Ausblick auf die zukünftige Entwicklung zu geben.

Eine Reise durch die Geschichte

Wir haben gesehen, wie politische Parteien sich im Laufe der Geschichte entwickelt haben, von ihren Anfängen als informelle Gruppierungen bis hin zu komplexen Organisationen mit starkem Einfluss auf politische Entscheidungen. Die politische Landschaft hat sich im Laufe der Zeit verändert, und Parteien haben sich angepasst, um den neuen Herausforderungen gerecht zu werden.

Die Rolle von Parteien heute

Heutzutage spielen politische Parteien eine zentrale Rolle in der Demokratie, indem sie die Interessen der Bürger repräsentieren, politische Programme entwickeln und Regierungen bilden. Doch trotz ihrer Bedeutung stehen sie auch vor einer Vielzahl von Herausforderungen und Kritikpunkten.

Herausforderungen und Kritikpunkte

Zu den wichtigsten Herausforderungen gehören die zunehmende Politikverdrossenheit, die wachsende Einflussnahme von Lobbygruppen und die Notwendigkeit, sich an eine sich schnell verändernde Welt anzupassen. Kritiker bemängeln oft die undurchsichtigen Entscheidungsprozesse, den Einfluss des Geldes auf die Politik und die Machtstrukturen innerhalb der Parteien.

Ein Ausblick auf die Zukunft

Trotz dieser Herausforderungen gibt es auch Hoffnung und Potenzial für positive Veränderungen. Reformen, die darauf abzielen, die Transparenz und Rechenschaftspflicht zu stärken, die Partizipation der Bürger zu erhöhen und das Vertrauen in politische Institutionen wiederherzustellen, könnten dazu beitragen, die politische Landschaft zu verbessern.

Die Bedeutung des Engagements

Letztendlich liegt es an uns allen, uns aktiv an der politischen Gestaltung unserer Gesellschaft zu beteiligen und uns für eine transparente, demokratische und gerechte Zukunft einzusetzen. Politische Parteien werden weiterhin eine wichtige Rolle spielen, aber es liegt an uns, sicherzustellen, dass sie die Interessen und Bedürfnisse der Bürger angemessen vertreten.

Zusammenfassung

Die Geschichte der politischen Parteien ist geprägt von Höhen und Tiefen, Erfolgen und Rückschlägen. Doch durch kontinuierliche Reflexion, offene Diskussionen und konstruktive Reformen können wir die politische Landschaft weiterentwickeln und eine bessere Zukunft für alle schaffen.

Die Digitalisierung und politische Parteien: Neue Herausforderungen und Chancen

Die fortschreitende Digitalisierung hat einen tiefgreifenden Einfluss auf die Art und Weise, wie politische Parteien kommunizieren, mobilisieren und mit Bürgern interagieren. In diesem Kapitel werden wir die Auswirkungen der Digitalisierung auf die politische Landschaft untersuchen und die Entstehung von Online-Plattformen und sozialen Medien als politische Aktionsräume näher beleuchten.

Eine neue Ära der politischen Kommunikation

Die Digitalisierung hat die traditionelle politische Kommunikation verändert und neue Möglichkeiten für den direkten Austausch zwischen Bürgern und politischen Akteuren geschaffen. Parteien nutzen nun verstärkt Online-Plattformen wie Websites, soziale Medien und Messaging-Apps, um ihre Botschaften zu verbreiten, mit Wählern in Kontakt zu treten und politische Mobilisierung zu fördern.

Die Rolle von sozialen Medien

Soziale Medien wie Facebook, Twitter, Instagram und YouTube haben sich zu wichtigen politischen Aktionsräumen entwickelt, auf denen politische Diskussionen stattfinden, Informationen verbreitet und Meinungen geformt werden. Parteien nutzen diese Plattformen, um ihre Anhänger zu mobilisieren, neue Zielgruppen zu erreichen und politische Inhalte zu verbreiten.

Herausforderungen und Risiken

Trotz der Chancen, die die Digitalisierung bietet, sind politische Parteien auch mit neuen Herausforderungen und Risiken konfrontiert. Die Verbreitung von Falschinformationen, die Fragmentierung des öffentlichen Diskurses und die Gefahr der Manipulation durch externe Akteure sind nur einige der Herausforderungen, mit denen Parteien konfrontiert sind.

Die Bedeutung von Datenschutz und Sicherheit

Mit der zunehmenden Digitalisierung und Vernetzung ist auch die Bedeutung von Datenschutz und Cybersicherheit gestiegen. Parteien müssen sicherstellen, dass die persönlichen Daten ihrer Unterstützer geschützt sind und dass ihre Online-Plattformen gegen Cyberangriffe und Manipulationen abgesichert sind.

Die Zukunft

Die Digitalisierung wird die politische Landschaft weiterhin prägen und neue Möglichkeiten für politische Parteien eröffnen. Indem sie die Chancen der Digitalisierung nutzen, sich aber gleichzeitig den damit verbundenen Herausforderungen stellen, können Parteien ihre Kommunikationsstrategien verbessern, ihre Reichweite erweitern und eine engere Bindung zu ihren Anhängern aufbauen.

Zusammenfassung

Die Digitalisierung bietet politischen Parteien die Chance, sich an eine sich verändernde Welt anzupassen und innovative Wege zu finden, um mit Bürgern in Kontakt zu treten und sie zu mobilisieren. Indem sie die Chancen der Digitalisierung nutzen und gleichzeitig die damit verbundenen Risiken im Blick behalten, können Parteien ihre Rolle in der Demokratie stärken und eine breitere Beteiligung der Bürger am politischen Prozess fördern.

Identitätspolitik und die Fragmentierung der Parteienlandschaft

Die Bedeutung von Identitätspolitik für das Parteiensystem hat in den letzten Jahren zunehmend an Relevanz gewonnen. Dieses Kapitel wirft einen Blick auf die Auswirkungen der Identitätspolitik auf die Parteienlandschaft, insbesondere auf die Fragmentierung entlang sozialer, kultureller und ethnischer Linien, sowie auf die daraus resultierenden Auswirkungen auf politische Strategien und Allianzen.

Die Bedeutung von Identitätspolitik

Identitätspolitik bezieht sich auf politische Strategien und Bewegungen, die sich auf die Interessen und Anliegen bestimmter Identitätsgruppen konzentrieren, sei es aufgrund von Geschlecht, Ethnizität, Religion, sexueller Orientierung oder anderen Merkmalen. Diese Politik zielt darauf ab, die Rechte und Anliegen marginalisierter Gruppen zu fördern und ihnen eine politische Stimme zu verleihen.

Fragmentierung entlang sozialer, kultureller und ethnischer Linien

Die zunehmende Betonung von Identitätspolitik hat zu einer Fragmentierung der Parteienlandschaft geführt, wobei politische Parteien sich zunehmend entlang sozialer, kultureller und ethnischer Linien positionieren. Dies hat dazu geführt, dass bestimmte Parteien spezifische Identitätsgruppen ansprechen, während andere Gruppen sich von diesen Parteien möglicherweise nicht vertreten fühlen.

Auswirkungen auf politische Strategien und Allianzen

Die zunehmende Fragmentierung entlang identitätspolitischer Linien hat auch Auswirkungen auf politische Strategien und Allianzen. Parteien müssen nun strategische Entscheidungen darüber treffen, welche Identitätsgruppen sie ansprechen wollen und wie sie deren Anliegen in ihre politische Agenda integrieren können. Dies kann zu einer Verschiebung in den politischen Allianzen führen und traditionelle Koalitionen herausfordern.

Die Rolle der Medien und der öffentlichen Meinung

Die Medien spielen eine wichtige Rolle bei der Formulierung und Verbreitung von Identitätspolitik, indem sie bestimmte Identitätsgruppen hervorheben und ihre Anliegen in den öffentlichen Diskurs bringen. Die öffentliche Meinung kann sich auf die Art und Weise auswirken, wie Parteien auf Identitätsfragen reagieren und welche politischen Strategien sie verfolgen.

Herausforderungen und Chancen

Die zunehmende Betonung von Identitätspolitik stellt sowohl Herausforderungen als auch Chancen für das Parteiensystem dar. Während die Fragmentierung der Parteienlandschaft zu politischer Instabilität führen kann, bietet sie auch die Möglichkeit, eine vielfältigere und repräsentativere politische Landschaft zu schaffen, die die Interessen einer breiteren Palette von Bürgern widerspiegelt.

Zusammenfassung

Identitätspolitik hat eine tiefgreifende Wirkung auf das Parteiensystem, indem sie die Art und Weise verändert, wie politische Parteien sich positionieren und wie politische Allianzen gebildet werden. Indem sie die Bedeutung von Identitätspolitik in der heutigen politischen Landschaft verstehen, können Parteien besser auf die sich wandelnden Bedürfnisse und Anliegen der Bürger eingehen und eine vielfältigere und inklusivere politische Landschaft schaffen.

Umweltschutz und Nachhaltigkeit als neue politische Leitprinzipien

Die wachsende Bedeutung von Umwelt- und Nachhaltigkeitsfragen für politische Parteien hat in den letzten Jahrzehnten
zunehmend an Relevanz gewonnen. Dieses Kapitel wirft einen
Blick auf die Entwicklung dieser Themen als neue politische
Leitprinzipien und deren Auswirkungen auf die Parteienlandschaft.

Die Herausforderungen des Umweltschutzes

Der fortschreitende Klimawandel, die Verschmutzung von
Luft und Wasser sowie der Verlust von Biodiversität haben
Umweltfragen zu einer der drängendsten Herausforderungen
unserer Zeit gemacht. Politische Parteien stehen vor der Auf-
gabe, effektive Lösungen für diese Probleme zu finden und
gleichzeitig die Bedürfnisse einer wachsenden Weltbevölkerung
zu berücksichtigen.

Die Entstehung grüner Bewegungen

In Reaktion auf die wachsende Umweltkrise sind grüne Bewegungen entstanden, die Umweltschutz und Nachhaltigkeit zu
zentralen Anliegen machen. Diese Bewegungen haben dazu
beigetragen, Umweltthemen auf die politische Agenda zu set-

zen und politische Parteien dazu zu bewegen, Umweltschutz in ihre Programme zu integrieren.

Die Rolle grüner Parteien in der Parteienlandschaft

Grüne Parteien haben sich als wichtige Akteure in der Parteienlandschaft etabliert und setzen sich aktiv für umweltpolitische Maßnahmen ein. Sie fordern eine nachhaltige Entwicklung, den Ausstieg aus fossilen Brennstoffen und den Schutz bedrohter Ökosysteme. Grüne Politiker und Politikerinnen sind führend in der Förderung von Umweltschutzgesetzen und -initiativen auf nationaler und internationaler Ebene.

Politische Reaktionen auf ökologische Herausforderungen

Angesichts der wachsenden Bedeutung von Umwelt- und Nachhaltigkeitsfragen haben auch etablierte politische Parteien begonnen, ihre Umweltagenda zu stärken. Sie setzen vermehrt auf umweltfreundliche Politikansätze und versuchen, die Balance zwischen wirtschaftlichem Wachstum und Umweltschutz zu finden. Dies führt zu einem Wettbewerb um die glaubwürdigste Umweltpolitik zwischen den verschiedenen Parteien.

Die Integration von Umweltschutz in politische Programme

Die Integration von Umweltschutz und Nachhaltigkeit in politische Programme ist zu einem wichtigen Faktor für die Glaubwürdigkeit und Attraktivität von Parteien geworden. Wählerinnen und Wähler erwarten von ihren politischen Vertretern konkrete Maßnahmen zur Bewältigung der Umweltkrise und sind zunehmend bereit, ihre Stimme denjenigen Parteien zu geben, die sich glaubhaft für den Schutz der Umwelt einsetzen.

Zusammenfassung

Die wachsende Bedeutung von Umwelt- und Nachhaltigkeitsfragen hat das politische Landschaftsbild grundlegend verändert und den Druck auf politische Parteien erhöht, effektive Lösungen für die Umweltkrise zu finden. Durch die Integration von Umweltschutz in ihre Programme können Parteien die Herausforderungen der Zukunft erfolgreich meistern und gleichzeitig das Vertrauen der Wählerinnen und Wähler gewinnen.

Die internationalen Beziehungen und ihre Auswirkungen auf die Parteipolitik

Die zunehmende Globalisierung hat die nationalen Grenzen verwischt und die Interdependenz zwischen Staaten verstärkt. In diesem Kapitel werfen wir einen Blick auf die Rolle von internationalen Beziehungen und geopolitischen Entwicklungen auf die nationale Parteipolitik und analysieren, wie die Globalisierung die Ausrichtung und Strategien politischer Parteien beeinflusst.

Die Verflechtung nationaler und internationaler Angelegenheiten

Politische Parteien sind zunehmend mit globalen Herausforderungen konfrontiert, die ihre nationale Politik beeinflussen. Themen wie Handel, Migration, Sicherheit und Umweltschutz haben eine internationale Dimension, die es den Parteien erfordert, auch auf internationaler Ebene Position zu beziehen und zu agieren.

Globalisierung als Treiber von Veränderungen

Die Globalisierung hat die Art und Weise, wie politische Parteien agieren, verändert. Sie hat den Wettbewerb verschärft und die Notwendigkeit erhöht, sich an internationale Normen und

Standards anzupassen. Parteien sind gezwungen, ihre politischen Programme und Strategien an die globalen Realitäten anzupassen und sich mit internationalen Akteuren und Organisationen auseinanderzusetzen.

Die Rolle von geopolitischen Entwicklungen

Geopolitische Entwicklungen wie Konflikte, Migrationsströme und wirtschaftliche Interdependenzen haben direkte Auswirkungen auf die nationale Parteipolitik. Parteien müssen auf diese Entwicklungen reagieren und ihre Positionen und Strategien entsprechend anpassen, um den sich verändernden geopolitischen Realitäten gerecht zu werden.

Internationale Bündnisse und Partnerschaften

Politische Parteien knüpfen zunehmend internationale Bündnisse und Partnerschaften, um ihre politischen Ziele zu erreichen. Durch die Zusammenarbeit mit Parteien aus anderen Ländern können sie ihre politische Reichweite erweitern und gemeinsame Interessen auf internationaler Ebene vertreten.

Die Herausforderung der Souveränität

Die Globalisierung stellt die Souveränität der Nationalstaaten in Frage und führt zu Spannungen zwischen nationalen Interessen und internationalen Verpflichtungen. Politische Parteien stehen vor der Herausforderung, die Balance zwischen nationaler Souveränität und internationaler Zusammenarbeit zu wahren und gleichzeitig die Interessen ihrer Wählerinnen und Wähler zu vertreten.

Schlussgedanken

Die internationalen Beziehungen und die Globalisierung haben die Parteipolitik grundlegend verändert und politische Parteien vor neue Herausforderungen gestellt. Indem sie sich den globalen Realitäten anpassen und internationale Partnerschaften eingehen, können Parteien ihre politische Wirksamkeit erhöhen und effektiv auf die Herausforderungen der globalisierten Welt reagieren.

Über den Autor

Lutz Spilker wurde im Jahre 1955 in Duisburg geboren.

Bevor er zum Schreiben von Romanen und Dokumentationen fand, verließen bisher unzählige Kurzgeschichten, Kolumnen und Verdichtungen seine Feder.

In seinen Büchern befasst er sich vorrangig mit dem menschlichen Bewusstsein und der damit verbundenen Wahrnehmung. Seine Grenzen sind nicht die, welche mit der Endlichkeit des Denkens, des Handelns und des Lebens begrenzt werden, sondern jene, die der empirischen Denkform noch nicht unterliegen.

Es sind die Möglichkeiten des Machbaren, die Dinge, welche sich allein in der Vorstellung eines jeden Menschen darstellen und aufgrund der Flüchtigkeit des Geistes unbewiesen bleiben. Die Erkenntnis besitzt ihre Gültigkeit lediglich bis zur Erlangung einer neuen und die passiert zu jeder weiteren Sekunde.

Die Welt von Lutz Spilker beginnt dort, wo zu Beginn allen Seins nichts Fassbares war, als leerer Raum. Kein Vorne, kein Hinten, kein Oben und kein Unten. Kein Glaube, kein Wissen, keine Moral, keine Gesetze und keine Grenzen. Nichts.

In Lutz Spilkers Romanen passieren heimtückische Morde ebenso wie die Zauber eines Märchens. Seine Bücher sind oftmals Thriller, Krimi, Abenteuer, Science Fiction, Fantasy und selbst Love-Story in einem.

»Ich liebe die Sprache: Sie vermag zu streicheln, zu liebkosen und zu Tränen zu rühren. Doch sie kann ebenso stachelig sein, wie der Dorn einer Rose und mit nur einem Hieb zerschmettern.«

In dieser Reihe sind bisher erschienen

Die Erfindung der Langeweile
Die Erfindung des Menschen
Die Erfindung des Geldes
Die Erfindung des Teufels
Die Erfindung des Erfolgs
Die Erfindung der Sterblichkeit
Die Erfindung der Lüge
Die Erfindung der Freiheit
Die Erfindung des Todes
Die Erfindung der Welt
Die Erfindung des Inselmenschen
Die Erfindung der Zeit
Die Erfindung der Seele
Die Erfindung der Politik
Die Erfindung des Gewissens
Die Erfindung der Religion
Die Erfindung der Schuld
Die Erfindung der Gerechtigkeit
Die Erfindung des Friedens
Die Erfindung des Selbstgesprächs
Die Erfindung der Zukunft
Die Erfindung der Pornographie
Die Erfindung der Verschwendung
Die Erfindung des Erwachsenseins
Die Erfindung der Hölle
Die Erfindung der Überbevölkerung
Die Erfindung des Himmels
Die Erfindung der Monarchie
Die Erfindung der Unterhaltung
Die Erfindung der Sprache

Die Erfindung der Musik
Die Erfindung der Wiedergeburt
Die Erfindung des Zufalls
Die Erfindung der Namen
Die Erfindung des Bewusstseins
Die Erfindung des freien Willens
Die Erfindung des Wahrsagens
Die Erfindung der Körpersprache
Die Erfindung des Schlafs
Die Erfindung der Sklaverei
Die Erfindung der Angst
Die Erfindung der Vernunft
Die Erfindung des Vollmonds
Die Erfindung des Vitamin B
Die Erfindung des Make-Up
Die Erfindung des Weihnachtsfestes
Die Erfindung des Ku-Klux-Klan
Die Erfindung des Träumens
Die Erfindung der Flaschenpost
Die Erfindung der Mafia
Die Erfindung der Freimaurer
Die Erfindung der Freibeuter
Die Erfindung der Raumfahrt
Die Erfindung der Tempelritter
Die Erfindung des ADHS-Syndroms
Die Erfindung der Homöopathie
Die Erfindung der Freizeitparks

Zeitfracht Medien GmbH
Ferdinand-Jühlke-Straße 7
99095 Erfurt, Deutschland
produktsicherheit@kolibri360.de